AF451893

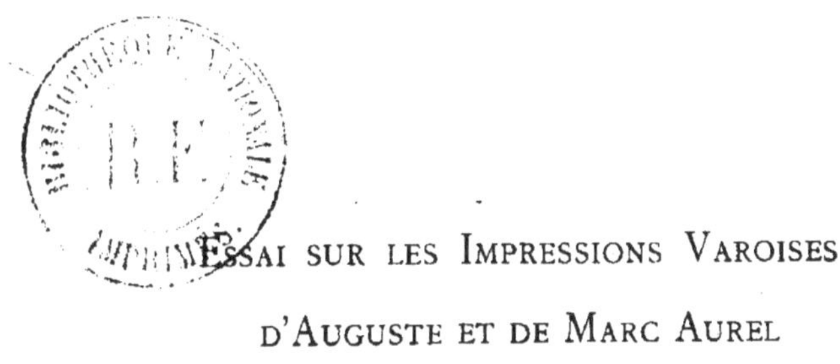

# Essai sur les Impressions Varoises

## d'Auguste et de Marc Aurel

# ESSAI

SUR

# Les Impressions Varoises

## d'Auguste et de Marc Aurel

### (1793 - 1802)

IMPRIMERIE
JULES CÉAS & FILS
VALENCE

1918

Extrait du *Bulletin*
de la Société d'Archéologie de la Drôme
tomes LI - LII, 1917-8.

# Essai sur les Impressions Varoises
## d'Auguste et de Marc Aurel
### (1793-1802)

## I

Quatre imprimeurs drômois, deux valentinois et deux montiliens, ont exercé leur art dans le département du Var, savoir : Auguste et Marc Aurel d'une part, Alexis et Henri Souchon, d'autre part.

Le nom d'Aurel parut de bonne heure en Dauphiné. Un Aurel habitait Valence en 1458 et la municipalité de cette ville emprunta 4,000 livres à Aurel, d'Ancône (Drôme), pour la réception du roi (9 septembre 1632) (1). Aurelle était vicaire du curé de l'église de Saint-Apollinaire (1720). Enfin, à titre de rapprochement, rappelons le mariage avec Henriette-Anne de Chastellier, de Valence, de Jean-Pierre-Joseph d'Aurel, coseigneur de Vénasque et de Saint-Didier et ancien capitaine de cavalerie à Carpentras (20 décembre 1723) (2).

Pierre Aurel « garçon-imprimeur », originaire de Castex, au comté de Foix (3) et habitant la paroisse de

(1) *Archives de Valence.* BB. 17 et 57.

(2) Cinquante ans plus tard, Dominique-François d'Aurel, de Carpentras, lieutenant-colonel de dragons, épousa à Valence, Claudine-Blandine de Chastellier.

(3) Au diocèse de Rieux, dit l'acte.

Saint-Apollinaire, épousa, à Valence, le 15 avril 1765, Madeleine (Magdeleine ou Magdelaine) Vernet. Il était fils de feu François Aurel et de Jeanne Pailliés ou Palliés. Ne pouvant assister à la cérémonie, celle-ci donna son consentement en choisissant pour mandataire Jean-Jacques Aurel, imprimeur (ouvrier', à Valence, par acte du 20 février 1765, reçu M⁰ de Canysit, avocat et notaire à la Bastide-de-Besplas (Ariège). Madeleine Vernet était née dans la circonscription de la paroisse de Saint-Apollinaire et l'habitait Elle était fille de feu André et de Thérèse Blanc. Les témoins furent Antoine Mondan, Venance Rougeron, Jean-Pierre Jannet et Jean-Pierre Charvin (1). Il mourut le 23 septembre 1793, à Valence.

Dès 1768, au moins, Pierre Aurel (2) se qualifia libraire. Le 5 juin de cette année, fut baptisé son fils Pierre-Antoine-Boniface, né le même jour (3). Le 25 février 1770, fut à son tour baptisée, sa fille, Pauline-Henriette-Sylvie, née ce jour-là. L'acte de baptême appelle le père, selon un usage fréquent, Aurelle. Son commerce s'étant étendu, il était devenu marchand-libraire. Le parrain fut Messire Pierre Sabatier, chanoine de Saint-Ruf, représenté par Etienne Miolan, et la marraine fut Henriette Bouchon, femme de M... (4', marquis de Pierrefeu.

(1) Seule, Thérèse Blanc ne sut pas signer.

(2) Brun-Durand, à l'article Marbos, a cité l'imprimerie J. Aurel au lieu de P. Aurel (*Dict.*, etc., t. II, p. 117) et a considéré à tort Pierre Aurel comme ayant été imprimeur-libraire à Valence dès 1762. Il ne fut maître-imprimeur qu'après la chute de l'ancien régime et jusqu'à cette dernière époque Viret fut seul maître-imprimeur à Valence en vertu de l'arrêt du Conseil du 12 mai 1759. Cette erreur a été reproduite.

(3) Les parrain et marraine furent respectivement Pierre Mondan et Magdeleine-Virginie Aurel.

(4) Nom patronymique laissé en blanc. Serait-ce Dedons ou Deydier et alors il s'agirait de familles provençales bien connues ?

Un autre enfant de Pierre, Joseph-*Marc*-Emmanuel fut baptisé le 15 janvier 1775. Il était né le 13. Le parrain fut Messire Joseph-Nicolas Cotte, prêtre-habitué à Valence, et la marraine fut Anne-Marie Mercier (1) (nom surchargé et presque illisible), femme de Charles Arsac.

Doit-on rattacher aux Aurel, de Valence, Elisabeth Aurel, femme de Joseph Cluttier ou Clutier, habitant Loriol, inhumée au cimetière de Saint-Apollinaire, le 15 septembre 1775, à l'âge de 35 ans ? Tous les baptêmes et toutes les sépultures de la branche valentinoise de cette famille eurent lieu sur cette paroisse.

D'après l'âge attribué à Auguste Aurel, dans divers actes de l'état-civil de Toulon, il serait né vers 1772, à Valence. Né, en effet, le 2 février 1772, André-Marie-Auguste Aurel fut baptisé le lendemain 3 ; son parrain fut André Colombier et sa marraine Marie-Elisabeth Colombier (2).

I. — Il épousa Rose-Claire-Virginie Teisseire, née à Toulon vers 1776. J'emploie cette formule, car il ne m'a pas été possible de consulter son acte de baptême. Elle mourut à Valence, le 14 mai 1816, à 40 ans (3). Le décès a été déclaré par Joseph-Marc-Emmanuel Aurel, imprimeur-libraire, et par Louis-Cézard-Auguste Azard, orfèvre, tous deux à Valence. Le décès aurait eu lieu au domicile du premier témoin, sis Grand'Rue, et celui-ci signa J. MarcAurel, comme d'habitude, et en employant sa formule commerciale.

Les enfants des époux Aurel-Teisseire naquirent tous à Toulon à une exception près, et furent :

(1) Elle signait Mersier.

(2) Pour la généalogie de la branche valentinoise de la famille Aurel, v. la notice incomplète de Lacroix dans le *Bulletin de la Soc. d'Arch. de la Drôme*, t. XV, 88 et s., et l'étude fantaisiste due à Rochas.

(3) On lit à l'état-civil de Valence : « Rose-Virginie Teissere ».

1° Pierre-Paul-François-Auguste, né le 20 brumaire an V (10 novembre 1796) et mort le 21 brumaire an XII (13 novembre 1803). L'acte de décès l'appelle Napoléon. Naturellement l'acte de naissance ne lui donne pas ce prénom. L'adoption du prénom Napoléon, mis à la mode par les chauds partisans du premier consul, suivit l'élévation de ce dernier aux hautes fonctions de consul à vie (1802). Lors de la naissance de son fils, Béraud, ouvrier cordonnier à Toulon, lui donna les prénoms de Napoléon-Alcibiade (26 messidor an XI). Bonaparte jouissait, en effet, d'une véritable popularité dans cette ville, depuis le siège, et le départ de l'expédition d'Egypte, du port de Toulon, n'avait pas peu contribué à lui créer des admirateurs. Donc François-*Napoléon*-Auguste Aurel mourut le 21 frimaire an XII, à l'âge de 6 ans, au domicile de son père, sis place République « isle » 90, n° 5. Le père est qualifié simplement imprimeur, car sa librairie était peu importante. Les témoins de l'acte de décès furent les imprimeurs Pierre Blanc, né à Avignon, âgé de 50 ans, et Jean-Baptiste-Louis Marguerite, né à Epinal (Vosges), âgé de 44 ans. Au point de vue historique, il eût été fort singulier de retrouver le prénom de Napoléon, avant la promotion au consulat à vie de Bonaparte sous le nom de Napoléon Bonaparte. Certes la solution de cette question n'était pas aisée, faute de tables, d'autant plus qu'à cette époque Toulon comptait au moins 1,000 naissances par an (1). Eh bien ! j'ai pu retrouver l'acte désiré. Les prénoms exacts étaient Pierre-Paul-François-Auguste. Le père substitua, dans la vie courante, postérieurement à l'institution du consulat à vie, Napoléon à Pierre-Paul !

(1) Les tables commencent à 1802.

2° Pierre-Numa, mentionné comme né à Valence, par erreur dans son acte de décès (1), mort le 9 vendémiaire an XI (1ᵉʳ octobre 1802), à l'âge de 22 mois. Son père est qualifié cette fois imprimeur de marine et son magasin est dit se trouver à l'île 90, n° 1, tandis que tout à l'heure nous avions rencontré l'insertion du n° 5, et ce dernier numéro paraît être le seul exact.

3° Marie-Philippe-Eugène, né le 21 fructidor an XI (2), décédé le 5 juillet 1866, à son domicile, rue de l'Arsenal, 13. C'est le seul des enfants d'Auguste Aurel ayant reçu le prénom Marie, porté également par leur père. L'un des témoins fut Marie-Philippe-Elie Gard, âgé de 33 ans, né à Brest, officier de marine, etc. L'acte n'indique pas son degré de parenté avec Eugène Aurel. C'était son oncle par alliance.

L'acte de son mariage fut dressé à Toulon, *à 6 heures du matin*, le 19 juillet 1843. Il épousa Virginie-Antoinette Magagnos, née dans cette ville, le 21 novembre 1818, fille d'André-François Magagnos, pharmacien, et de Marguerite-Susanne Aguier. Parmi les témoins figura Jean-Jacques Marchand, âgé de 54 ans, capitaine de frégate en retraite, chevalier de la Légion d'honneur et de Saint-Louis, cousin par alliance du futur.

Leur fille unique, Marie-Susanne-Joséphine, naquit le 16 mai 1844, au n° 44 (3) de la rue Neuve. Les témoins de l'acte de naissance furent Jules Magagnos, pharmacien (35 ans), et Joseph-André Magagnos, chirurgien de 1ʳᵉ classe de la marine et chevalier de la Légion d'honneur (40 ans), tous les deux domiciliés à Toulon.

---

(1) Il naquit dans un lieu inconnu actuellement.

(2) Son acte de mariage le donne par erreur, comme né le 8 septembre 1803.

(3) L'état-civil donne à tort le n° 4 au lieu de 44.

4° Gabrielle-Eugénie, née le 1ᵉʳ floréal an XIII et décédée hors de Toulon, en tout cas pas à Valence.

5° Alexandrine-Sophie, née le 9 avril 1810 à Toulon, rue Neuve, île 90, n° 5 et décédée le 20 avril suivant. L'acte de décès lui attribue deux jours ! Nous constatons la présence, à ce dernier, de Pierre-Bruno-Agricol Blanc, né à Avignon, âgé de 56 ans, et de Jacques-Girard Coguely ou Goguely, né à Valence, âgé de 34 ans. Tous deux étaient imprimeurs.

6° Louis-André-Aimé, décédé le 10 octobre 1822 (1), à l'âge de 10 ans et né à Toulon, rue Neuve, n° 44, le 31 août 1812.

Auguste Aurel eut donc six enfants de son premier mariage.

II. — Devenu veuf de Rose-Claire-Virginie Teisseire, il se remaria avec Thérèse-Félicie Bourron, née à Grenoble vers 1801, encore en vie en 1847 et morte hors de Toulon et hors de Valence.

Leurs enfants furent :

1° Pierre-Auguste-Edmond, né le 21 février 1818, marié à Magdeleine-Julie-Mathilde Reynier et décédé sans postérité le 8 décembre 1847, rue Neuve, n° 44.

2° André-Félix-Alfred, né le 8 avril 1826 et décédé le 14 décembre 1830, rue Neuve, n° 44. Les témoins de l'acte de décès furent Jacques-Girard Goguely (53 ans) (2) et Jean-Joseph-Marie Mercier (31 ans), tous deux imprimeurs.

---

(1) La table décennale correspondante porte 1821 au lieu de 1822.

(2) Il a signé Goguely. Son père était Claude-Louis Goguely, maître-horloger et sa mère Marie-Anne Champendant ou Chanpendant, habitant la paroisse de Saint-Apollinaire. Son frère Pierre, né le 18 février 1778, mourut le 4 mars suivant. Un autre frère, Antoine-Martin, naquit le 11 mai 1779, etc. Catherine-Françoise Goguely est née à Valence, le 26 août 1776. Malgré l'assertion contraire des registres de l'état-civil de Toulon, Jacques-Girard Goguely n'est pas valentinois.

Auguste Aurel fut très rarement appelé imprimeur-libraire aux actes de l'état-civil.

Il céda son établissement à ses fils Edmond et Eugène avant 1843 et dès lors il ne fut plus qualifié que propriétaire. Il mourut le 30 novembre 1844, chevalier de la Légion d'honneur, à son domicile de la rue Neuve, n° 44. L'acte de décès, où il reçut par erreur la double qualité d'imprimeur et de propriétaire, eut pour témoins deux amis, Zachée-Pons Cheilan, imprimeur (47 ans) et Victor François, imprimeur (27 ans). Le lieu de la naissance de tous les deux n'a pas été mentionné.

Auguste Aurel n'étant cité nulle part, les recherches pour dresser la généalogie de la famille fondée par lui ont été laborieuses. J'ai dû écarter comme n'appartenant certainement pas à sa descendance :

1° Pierre Aurel, canonnier de l'artillerie de marine, né à Lapeirere (Hte-Garonne), décédé le 1er août 1847.

2° Paulin-Félix Aurel, fils de feux Pierre-Antoine Aurel et de Marie-Catherine Gautier, en leur vivant restaurateurs, décédé à l'hôpital le 23 octobre 1866.

3° François-Jules-Emile Aurel, fils naturel d'un tailleur, décédé le 16 août 1869.

Ces trois décès ont eu lieu à Toulon.

Lors de la mort d'Eugène Aurel, la branche toulonnaise de la maison Aurel n'était plus représentée que par sa fille Marie-Susanne (1)-Joséphine. Elle épousa hors de Toulon, Eloy, ancien capitaine de la Garde nationale en ce lieu, pendant la guerre de 1870-1.

Enfin, pour compliquer les difficultés, Auguste Aurel fut appelé *Marc* au lieu de Marie, dans l'acte du 20 avril 1810.

(1) L'état-civil donne Susanne et non Suzanne. D'ailleurs la forme Susanne prédominait à cette époque-là à Toulon.

Je n'ai pas rattaché, avec raison, à la parenté de la seconde femme d'Auguste Aurel : 1° Mélanie Bourron, née à Bourg (sic) (Drôme), décédée le 10 août 1852, à 25 ans, épouse de Canolle, pompier ; 2° Bourron, soldat, né dans le département de la Vendée et décédé en 1833.

Par contre, le 29 février 1880, mourut Claire-Zoé Bourron, à l'âge de 77 ans, née à Grenoble, domiciliée au boulevard de Strasbourg, n° 48, fille de feu Pierre-Claude Bourron et de Pierrette Perret, veuve de Jean-Jacques Marchand, capitaine de corvette. Celui-ci avait été témoin à l'acte de mariage d'Eugène Aurel, avec un titre différent du précédent (1843) et en qualité de cousin par alliance du futur. Par conséquent Claire-Zoé Bourron devait être la propre nièce de la deuxième femme d'Auguste Aurel.

Cette famille Bourron paraît être entièrement distincte d'une autre famille du même nom, originaire de Grenoble et dont trois membres ont occupé successivement, à Montélimar, une haute situation dans le monde littéraire.

## II

Née à Valence le 13 février 1766, et ayant eu pour parrain Antoine Mondan et pour marraine Thérèse Blanc, femme Clerefont ou Clairfond ou Clairefond, une sœur d'Auguste Aurel, Madeleine-Virginie, habita Toulon à son tour (1). Mariée à Marie-Jean-Elie-Philippe Gard, né à Brest vers 1773 et enseigne de vaisseau,

(1) Elle aurait été âgée de 26 ans au mois de novembre 1796, d'après un acte de l'état-civil. Cette donnée est fausse.

de deux ans plus jeune qu'elle, elle mourut à Toulon le 13 juin 1807, âgée de 36 ans (1), place St-Pierre, île 99, n° 39 (2). Sa mère Madeleine Vernet, âgée de 70 ans, était encore en vie et ne mourut pas à Toulon. D'ailleurs la rédaction de l'acte de décès de la fille est singulièrement embrouillée. Gard avait été témoin à l'acte de naissance d'Eugène Aurel. A-t-il eu une postérité de son mariage ? L'état-civil de Toulon n'en n'a pas gardé trace. Madeleine Vernet, veuve de Pierre Aurel, libraire (sic), mourut à Valence le 23 juillet 1807, à 6 heures du matin, dans sa maison d'habitation sise près « la place aux Clercs ». Le décès fut déclaré par Cézard Azard, orfèvre et par Jean Allègre, plâtrier.

Les imprimeurs, dont j'ai relevé les noms à Toulon, étaient des ouvriers imprimeurs, quoique les actes examinés leur aient donné le titre d'imprimeurs. Ce sont : Blanc, Cheilan, François, Marguerite, Mercier et Goguely.

Nous retiendrons spécialement le nom du pseudo-valentinois Goguely. Il n'a pas fait souche à Toulon et est mort hors de cette ville et hors de Valence. Si son père jouit d'une certaine réputation comme horloger, la personnalité de l'ouvrier imprimeur mérite l'oubli.

III

Des recherches faites au sujet de Marc Aurel m'ont amené à étudier l'œuvre d'Auguste Aurel. Par un arrêté d'Albitte, daté du Pont-Saint-Esprit, du 19 juil-

(1) Elle avait en réalité 41 ans.
(2) Elle assista son frère lors de la déclaration à l'état-civil de son premier-né.

let, selon les uns (1), du 19 messidor, selon les autres. Marc avait été mis à la tête de l'imprimerie minuscule suivant l'armée de Carteaux. Sa situation n'était pas différente. Le 2 octobre 1793, Boisset exempta de toute réquisition les ouvriers attachés à ses presses (2).

Une affiche, du format in-folio, entièrement inédite, contient deux documents importants, déjà étudiés par les uns et par les autres. C'est la *Copie de la sommation du général de brigade Carteaux, à la ville d'Avignon et de la réponse des autorités de la dite ville.*

Elle reproduit la sommation du 24 juillet « du géné-« ral de brigade, commandant l'armée au camp du « Pontaix (sic) (3), Carteaux ». Conformément au titre, on lit à la suite la réponse des autorités constituées et ce qui est plus intéressant pour nous, se trouve en bas la mention : « *Du quartier général d'Avignon. Chez* « *Marc Aurel, imprimeur suivant l'armée* » (4). Cette singulière formule est digne de remarque (5).

C'est là le premier imprimé, sorti des presses de Marc Aurel, depuis qu'il prêtait son concours à l'armée républicaine, que j'ai pu découvrir avec l'insertion de son nom. Carteaux fit son entrée dans la soirée du 25 juillet 1793, à Avignon, qu'il quitta le 1er août avec ses troupes. Marc Aurel ne dut pas accompagner immédia-

(1) La date exacte est celle du 19 juillet.

(2) Cf. ROCHAS. *Notice sur la famille Marc-Aurel et Biographie du Dauphiné*, t. II, p. 113. — BRUN-DURAND. *Dict.* etc., t. II, p. 117. — CHUQUET. *La jeunesse de Napoléon. La Révolution.* p. 317 et *Toulon.* p. 160 (*Le Souper de Beaucaire* est mentionné p. 153 et s.). — LAVAL. *Le général Jean-François Dours*, p. 160, etc.

(3) Le Pontet, près d'Avignon.

(4) La Collection d'affiches de la Bibliothèque d'Avignon m'a été communiquée et signalée par M. Girard, conservateur de cet établissement.

(5) Aucun des imprimeurs avignonais de l'époque ne se qualifia imprimeur de l'armée.

tement ces dernières. D'après la tradition, constatée
par divers auteurs, son imprimerie aurait fonctionné
à Avignon dans l'église de l'Oratoire. Effectivement, les
*Lettres d'un touriste sur Avignon et ses environs*, après
avoir mentionné la rue Calade (1), consacrent un souve-
nir à la maison Bouchet, où Bonaparte aurait séjourné
un mois, et rappellent la rotonde élégante de l'Oratoire,
où Carteaux établit son imprimerie (2). L'auteur de
ces lettres, signées modestement J. J., initiales du prénom et du nom de l'écrivain Joudou, était parfaitement
au courant de l'histoire d'Avignon. Toutefois, les cri-
tiques doivent lui reprocher d'avoir écrit presque un
roman sur la présence de Bonaparte dans cette ville (3).

Ces articles, que j'ai eu la bonne fortune de retrouver, n'ont pas été connus par les auteurs ayant étudié
le rôle joué à Avignon en 1793 par Bonaparte (4).

Des investigations minutieuses aux archives départementales de Vaucluse et à celles des Bouches-du-
Rhône, où M. Busquet réserve un si bon accueil aux
chercheurs, permettraient sans doute d'étudier d'autres
affiches ou documents signés et sortis des presses de
Marc Aurel, lorsqu'elles étaient montées à Avignon.
Quoi qu'il en soit, l'une des éditions du *Souper de*

(1) *L'Echo de Vaucluse*, etc., n° 1039, du 17 juin 1841.

(2) *Ibid. — Souvenirs de 93. Napoléon à Avignon* (n° 1031, du 20 mai
1841).

(3) M. Amédée Gros a rappelé l'emplacement de cette imprimerie
dans *La Semaine*, n° du 17 mars 1897. — Le même écrivain drômois
a consacré quelques lignes au séjour de Bonaparte dans cette ville en
1798 et en 1799. (*La Semaine*, n° du 14 septembre 1910).

(4) Si le projet formé par Bonaparte d'acquérir le domaine de
Beausseret, situé près de Montélimar (1795), avait été réalisé, la face
du monde n'eut pas été changée. Cf. le *Journal de Montélimar*,
n° du 1er juin 1889, d'après un extrait du t. IV de l'*Histoire* de cette
ville, mis sous séquestre par un arrêt de la Cour d'Appel de Grenoble.
Ce fait a été relaté par nombre d'auteurs.

*Beaucaire* paraît se trouver dans ces dernières conditions, selon les apparences, tout au moins.

Charvet semble avoir été le premier à signaler les deux éditions du *Souper de Beaucaire*, d'après les deux exemplaires conservés à la bibliothèque d'Avignon. La première, reproduite par cet auteur, serait due à Sabin Tournal (1), autre dauphinois (2) ; l'autre serait l'un des exemplaires de l'édition due à Marc Aurel, non plus aux frais de l'auteur, mais publiée cette fois aux dépens du Trésor, ainsi qu'il résulte de la lettre écrite par Louis Bonaparte à Marc Aurel en 1799 (3).

La première édition (4), d'après les constatations typographiques de Charvet, serait celle de 16 pages, également du format in-8° La deuxième édition, parue avec un titre sommaire, serait celle de 20 pages du format in-8°, et cet auteur a donné la reproduction conforme de celle-ci. Son titre est simplement « *Souper de Beaucaire* ». Les deux exemplaires de 1793 sont d'une rédaction identique. Un terme impropre, employé à la page six, a été corrigé dans la seconde édition. Charvet a relevé, avec soin, les différences typographiques et a fait un « *tableau des discordances relevées sur les deux éditions de 1793* » (5).

(1) A son sujet, cf. notamment MAIGNIEN, *Un journaliste dauphinois pendant la Révolution. Sabin Tournal.*

(2) *Egalité, Liberté. Souper de Beaucaire, ou dialogue entre un Militaire de l'Armée de Carteaux, un Marseillois, un Nimois et un fabriquant de Montpellier sur les événemens qui sont arrivés dans le ci-devant Comtat à l'arrivée des Marseillois*, s. l. n. n. n. d., in-8, 16 p.

(3) *Bulletin* cité ci-après, p. 512 et s.

(4) Une troisième édition (août 1821), a été publiée par Chaumerot aîné : *Le Souper de Beaucaire, suivi de la lettre à Matteo Buttafuoco*, Paris, Chaumerot aîné, 1821, in-8, 32 p., « précédée d'une préface de 6 pages ».

(5) *Bulletin historique et archéologique de Vaucluse*, etc., 1880, p. 372 et s.

Cet érudit avait l'excellente habitude de faire exécuter des tirages à part des articles publiés par lui dans des revues. Le tirage à part de la curieuse étude que nous venons d'analyser ne se trouve pas à la bibliothèque d'Avignon. J'en signale l'existence possible aux collectionneurs dauphinois (1). Toutefois un correctif semble devoir être apporté aux détails donnés par cet écrivain, car lors de la publication du fameux *Souper*, l'imprimerie de Tournal était gérée par sa femme Julie-Marie Tournal, dauphinoise également et déjà sa cousine (2). Selon Chardon « Buonaparte quitta Marseille sans payer « son imprimeur, le nommé Sabin Tournal, d'Avi-« gnon », comme si le *Souper* (3) avait vu le jour à Marseille (4).

## IV

L'entrée de Carteaux à Marseille eut lieu le 25 août. Sa temporisation a été critiquée avec raison. Le 1er sep-tembre, il se trouvait à Cuges (Var). Le rapprochement de ces dates semble prouver que Marc Aurel resta

(1) Au mois d'octobre 1793, l'imprimeur du département était à Avignon, Joseph Moriés ou Mouriés. Il s'est qualifié également imprimeur de la nation et imprimeur républicain. Une partie des imprimés sortis de ses presses portent l'indication de la rue Dorée et d'autres rappellent la rue Galante (an IV) et même la place voisine, celle de St-Didier (1793).

Au contraire, Bérenguier avait installé son imprimerie rue de la Calade. L'imprimeur d'une proclamation de Rovère et de Poultier n'a pas inscrit son nom : « A Avignon, le 12 août 1793, l'an 2e ». Elle n'émane pas de Marc Aurel, très probablement. L'imprimerie de Sabin Tournal fonctionna rue Bonneterie.

(2) Laval. *Le général Joseph-François Dours*, etc., p. 127 et s , et 160-1.

(3) Dans *Le Gaulois* du 29 octobre 1913, le général Zurlinden a consacré une mention au *Souper*.

(4) *Précis hist.* etc. p. 38.

probablement à Marseille après le départ de Carteaux, car un certain temps est nécessaire pour la mise en état d'une imprimerie, même modeste. D'ailleurs il n'a pas dû arriver dans cette ville avec l'armée de ce général. Les troupes de ce dernier ayant été immobilisées pendant plus de quinze jours à Saint-Rémy (31 juillet-18 août), il est à peu près certain que l'imprimerie d'Aurel y fonctionna après son transfert d'Avignon en ce lieu.

Dans tous les cas, j'ai rencontré dans les archives de Sanary (Var) une affiche du format in-f°, que les collectionneurs dauphinois ne sauraient contempler sans émotion :

« *Egalité, Liberté. Traduction littérale d'une lettre*
« *écrite en anglois et déposée au Comité de Salut*
« *Public. Tirée du Bulletin de la Convention Nationale,*
« *séance du vendredi 2 aoust 1793, l'an second de la*
« *République Française* ». On lit in-fine la mention :
« A MARSEILLE, *chez* MARC AUREL, *imprimeur de l'Armée*
« *du Général* CARTEAUX » (1).

Les monnaies étrangères mentionnées sont la livre sterling et la guinée. D'autre part, dans le post-scriptum de ce document, Grenoble est citée avec Lyon comme lieu d'envoi de 150,000 livres sterling. La curiosité des numismates est donc satisfaite avec usure, Evidemment cette affiche rarissime n'a pas dû être seule de son espèce. Les chercheurs découvriront quelque jour d'autres affiches similaires revêtues du nom de Marc Aurel et du nom de Marseille.

Faute d'indications suffisantes, nous passerons d'une traite de cette ville à Ollioules et nous décrirons sommairement un autre texte :

(1) *Archives de Sanary*, série C.

« *Au nom du peuple français. Les représentans du* « *peuple députés par la Convention Nationale, dans les* « *départemens mridionaux (sic)* ».

« A Ollioules, *chez* Marc Aurel, *imprimeur de* « *l'Armée* » (1).

Cette proclamation non datée émane de Barras et de Fréron. Elle est relative à la célébration de la fête civique de chaque décade (2). Son format est l'in-f° et le papier est très blanc pour une fois. Ajoutons, à titre de renseignement, que dès l'entrée des alliés à Toulon et jusqu'à la venue d'Aurel, l'embarras fut extrême.

Dans cet intervalle, les documents officiels furent imprimés à Grasse, par Pierre Dufort, ou au même lieu par J. Guichard. L'éloignement de cette ville dut entraîner bien des complications.

V

Quoiqu'il ait confondu, je ne sais trop pourquoi, Marc Aurel avec son frère aîné, Gourrier a eu le mérite de signaler, le premier, le *Mémoire* imprimé à Ollioules par Marc Aurel (3). Malheureusement son étude a paru dans un journal dont la collection n'est pas conservée à la bibliothèque de Toulon et qui ne peut être consultée qu'à Draguignan, aux archives départementales, si

---

(1) *Ibid*.

(2) Au même dossier figure une proclamation de Championnet, général en chef de l'armée des Alpes, aux citoyens du département du Var, datée de Grenoble (2 thermidor an 7) (20 juillet 1799), imprimée par Guichard et Dufort à Draguignan.

(3) Marc Aurel écrivit une lettre annonçant la prise des forts de Toulon et cette lettre fut lue le 21 décembre 1793, à la Société Populaire de Valence. (Rochas. *Journal d'un bourgeois de Valence*, etc., t. II, page 39).

tant est que cette collection y soit complète. L'importante note de Gourrier n'avait pas échappé à l'œil
clairvoyant de l'éminent bibliographe Robert Reboul.
Ce *Mémoire* aurait pour titre :

« *Mémoire sur la prise de Toulon adressé au président*
« *de la Convention Nationale, par Dugommier, général*
« *en chef de l'armée d'Italie et chargé du siège de Tou-*
« *lon* ». Il vit le jour « *Au quartier général, 8 nivôse, an*
« *II de la République, à Ollioules, chez Marc-Aurel*
« *(sic), imprimeur de l'armée, in-4° »*.

Les bibliographes — et j'exclus les bibliomanes —
ont de temps à autre de véritables bonnes fortunes
honnêtes. J'ai pu retrouver, à la bibliothèque de Marseille, le *Mémoire*. Il figure en ces termes sur le *Catalogue* imprimé du fonds de Provence et à la partie
historique : *Mémoire sur la prise de Toulon (par le
général en chef Dugommier), Ollioules, Marc Aurel (fin
1793 probablement), in-4°.*

En réalité, cet imprimé renferme tout d'abord, sans
titre, la lettre adressée par Dugommier au président
de la Convention, datée du quartier général de Toulon
du « 8 nivôse, 2ᵉ année », soit du 28 décembre 1793,
et relative au mémoire joint : « *Mémoire sur la prise de
Toulon* ». Le tout comprend 8 pages du format in-4°.
Les pages 1 et 2 ne sont pas numérotées ; les pages 3
à 8 le sont. Enfin se trouve in-fine la mention : « *A
Ollioules, chez Marc Aurel, imprimeur de l'Armée* ». Cet
imprimé est introuvable, bien entendu. Il a dû être
composé quelques jours après l'envoi de la lettre de
Dugommier, c'est-à-dire au commencement de l'année
1794, contrairement à l'opinion émise par le rédacteur
du catalogue de la bibliothèque de Marseille.

L'affiche imprimée à Ollioules, analysée plus haut

est antérieure au *Mémoire*. Le calendrier républicain a été établi par la loi du 5 octobre 1793. Cependant la proclamation des représentants n'est pas d'une date très voisine de la date précédente. Serait-elle datée que son impression ne peut être précisée avec une entière certitude, faute de pouvoir consulter les comptes d'Aurel. Dans tous les cas, on peut admettre que cette affiche a été tirée plusieurs semaines après le 5 octobre, car la lettre d'envoi des commissaires, y relative, est du 23 novembre 1793.

Reboul a publié à son tour une affiche revêtue de l'indication « *Au Port de la Montagne, de l'Imprimerie* « *de l'Armée* », et il l'a attribuée à Marc Aurel. Elle renferme une proclamation des membres de la Commission municipale de Toulon du 28 germinal an II. Reboul est, en principe, dans l'erreur, car depuis quelque temps Marc Aurel s'était adjoint son frère. En effet, une affiche du format in-folio-maximo contenant la « *Première partie de la Liste générale des Emigrés*, « *Fuyars et Punis du Port de la Montagne. Lettre A* », est revêtue de la formule « *Au Port de la Montagne,* « *chez les frères Aurel, imprimeurs de l'Armée* ». Cet état avait été dressé le 25 germinal an II (14 avril 1794). Même après l'association des deux frères, la formule, adoptée en premier lieu, fut maintenue, de telle sorte que le renseignement si précieux qui nous a été transmis par la publication du tableau du 28 germinal n'est pas décisif pour fixer le point de départ de leur collaboration. La mention « *Au Port de la Montagne, de* « *l'Imprimerie de l'Armée* » se retrouve, en effet, sur des affiches du 1ᵉʳ mars 1794, du 8 mai 1794, d'une condamnation prononcée le 6 juin 1794, etc.

Les travaux de cette nature sont fort compliqués. Le

chercheur impartial est amené à déplorer le nombre
relativement restreint d'affiches signées, sorties des
presses d'Auguste Aurel, à l'époque qui nous occupe.
Des recherches faites avec soin dans les archives de
Toulon, postérieures à 1789, lorsqu'elles auront été
versées à la bibliothèque de cette ville et classées mé-
thodiquement, permettront sans doute de serrer la
question d'un peu plus près. L'accès de ces archives
sera, en effet, aisé grâce à l'obligeance de M. Mary-
Lasserre, obligeance qui ne m'a jamais fait défaut.

Quoi qu'il en soit, les termes d'une missive de Senès
doivent sans doute être pris au pied de la lettre et un
seul imprimeur aurait exercé à Toulon à la date du 21
mai. Si l'association des deux frères avait encore sub-
sisté à ce moment là, l'adjectif deux aurait été employé,
semble-t-il, au lieu de l'expression un seul.

L'agent national du district du Beausset, après avoir
pris l'avis des députés des communes, arrêta le *tableau
général du maximum* « au Port de la Montagne, le 9
« floréal, an deuxième » (1). L'affiche représentant le
*troisième tableau (seconde partie : droguerie)*, vit le jour
« au Port de la Montagne, chez Auguste Aurel, impri-
« meur de l'Armée et de la Marine ». Elle concerne
uniquement le district du Beausset. Le *premier tableau
(aliments)* (2), *le deuxième tableau (aliments)*, *le quatrième tableau (aliments)*, sont dépourvus de toute mention du nom de l'imprimeur et du lieu de l'impression.
Je n'ai pas pu découvrir un exemplaire quelconque du
troisième tableau.

Quant à la *seconde partie (droguerie)*, le premier et
le second tableaux se trouvent dans le même cas. Les

(1) 28 avril 1794.
(2) L'orthographe est *alimens*.

8 tableaux de la *troisième partie (vêtements)* (1), sont analogues (2).

Cependant tous ces 15 tableaux ont été établis le même jour à Toulon (3). L'aspect typographique des autres tableaux étant différent de l'allure générale de celui dû à Auguste Aurel, il pourrait être probable que cet imprimeur ait tiré sur ses presses uniquement le troisième tableau (troisième partie) (4). La question resterait entière à l'égard du tableau non retrouvé. A première vue, deux autres imprimeurs, en dehors d'Aurel, sembleraient avoir présidé à la publication des tableaux concernant le district du Beausset.

Quant aux autres districts du Var, les éléments d'appréciation font actuellement défaut. En réalité, Aurel ne rencontra pas alors de concurrents, car Senès-le-jeune, agent national du district du Beausset, écrivit de Toulon « en cours d'opérations » le 2 prairial an II (21 mai 1794), à la municipalité de Sanary :

« L'impression du maximum que j'avois opéré avec
« toute la hate possible entraînant un tems considé-
« rable, vu qu'il n'existe qu'un seul imprimeur, je me
« suis déterminé d'après les désirs surtout des repré-
« sentans du peuple à en publier partiellement les
« diverses parties à fur et à mesure de l'impression
« affin de ne pas diférer un seul instant autant qu'il
« est en moi ce bienfait de la loi.

« Je vous transmets en conséquence six exemplaires
« des quatre tableaux formans la première partie *Ali-*

(1) L'orthographe est *vétemens*.
(2) In-f° maximo en deux parties.
(3) *Archives de Sanary*, F. 6.
(4) Dans la section des vêtements, on constate que les chanvres fin, moyen et mâle, provenaient toujours des districts de Romans et de Vienne. Le chanvre « œuvré » appelé, vulgairement Vienne ou pied, était fabriqué à Toulon !

« *mens* avec la loi, les instructions et le décret modifi-
« catif qui fait reconnoître les bases déterminées par la
« Convention Nationale pour cette opération essen-
« tielle . . . . . . »

Les « trois tableaux de la deuxième partie du maxi-
« mum intitulée droguerie » (1), furent adressés par
Senès le 5 prairial. Bonhomme aîné ne tarda pas à
succéder à Senès-le-jeune dans ses fonctions d'agent
national du district du Beausset et le 22 prairial (10
juin 1794), toujours en cours d'opérations au Port de
la Montagne, il expédia, à Sanary, les 8 premiers
tableaux de la troisième partie du maximum (vêtements). Tous ces tableaux furent adressés en six exemplaires chacun. (2).

Faute d'imprimeur, les administrateurs du district
du Beausset avaient fait afficher dans l'étendue de leur
ressort des copies manuscrites du tableau du maximum concernant les denrées de première nécessité
(19 octobre 1793), conformément à la loi du 29 septembre précédent (3). Ces copies sont dépourvues d'intérêt
au point de vue tout particulier de cette étude.

---

(1) Etaient faits à Vienne les ratines 4/4 et 5/4 croisées et le cal-
moux croisé, deux couleurs, 4/4.

Le deuxième tableau de la *droguerie* nous enseigne que le verdet
ou vert-de-gris sec, le verdet en poudre et le verdet cristallisé étaient
d'origine grenobloise. A titre de dernier renseignement, les bœufs, les
vaches et les moutons étaient expédiés de l'Aveyron, les veaux de
Carpentras. Les agneaux et les chevreaux, livrés également à la bou-
cherie, etaient d'origine locale, Port-la-Montagne.

(2) *Archives de Sanary*, F. 6.

(3) Très peu de temps avant le siège de Toulon, quelques impressions de documents émanant des administrateurs du département du Var
furent dues à Surre fils. Il employa à l'occasion (août 1792), du papier
bleuté comme on le faisait à Brignoles. Ce papier se retrouva usité en
1793 et en 1794.

Ainsi, l'association des deux frères, établie antérieurement au 14 avril 1794, était dissoute avant le 21 mai suivant. Elle fut certainement de courte durée.

## VI

Dans les affiches que j'ai pu découvrir tout d'abord, l'une des premières en date, signée par Auguste Aurel, remonte au 8 pluviôse an III (27 janvier 1795) ; elle est relative à une proclamation des représentants du peuple. On y lit « *Au Port* (1) *la Montagne, de l'imprimerie* « *d'A. Aurel, place Pierre* ». La même formule se retrouve avec « Port la Montagne » à la date du 3 pluviôse précédent. Un autre libellé s'observe sur une affiche d'une date antérieure, le duodi des sans-culottides ou deuxième jour complémentaire de l'an II, c'est-à-dire le 18 septembre 1794 : « *Au Port La* (2) « *Montagne, chez Auguste Aurel, imprimeur de la ma-* « *rine, Place Pierre* ». Il se lit encore sur une affiche reproduisant l'arrêté de Jean-Bon-Saint-André du 5 vendémiaire an III (26 septembre 1794), décrétant l'emploi obligatoire des cartes de sûreté pour les citoyens de Port-la-Montagne ou pour ceux qui venaient des communes environnantes, dans cette ville, pour leurs affaires. En outre, soit la carte de sûreté, soit un passeport fût exigé, selon la distance parcourue, des personnes entrant dans Toulon (3). Une affiche du 24 vendémiaire suivant, concernant la distribution des prises, porte de nouveau la mention « *Port la Monta-* « *gne, de l'imprimerie de la Marine* ». Cette absence de

(1) Sans l'intercalation de « de ».
(2) L. majuscule, par hasard.
(3) Papier gris-bleu.

la préposition « de » fut conforme à l'orthographe contemporaine. Il était indispensable de constater cette particularité, car elle permettra désormais de dater des affiches d'Aurel dépourvues de date.

Le bon sens finit par reprendre ses droits et Port-de-la-Montagne redevint Toulon au cours du deuxième trimestre de l'an III (1). Nous trouvons dans la partie correspondante de cette année-là, les formules :

1° « *A Toulon, chez A. Aurel, imprimeur du District* » sur l'affiche de la proclamation du directoire du district de Toulon, aux administrés de son ressort (prairial an III, soit mai-juin 1795, la date du quantième ayant été laissée en blanc). La même indication figure sur une affiche du 9 floréal ou 28 avril 1795.

2° « *A Toulon, chez Aurel, imprimeur de la Marine, « place Pierre* », affiche analogue à la précédente et du 19 floréal an III (8 mai 1795). Cette indication se lit également sur une proclamation du directoire du district de Toulon aux communes de son ressort (5 thermidor an III ou 23 juillet 1795). Toutefois, cette fois-ci, Auguste a été inséré avant Aurel (2).

Ces notes seraient incomplètes si je ne signalais pas une autre affiche tirée sur du papier gris renfermant une circulaire du « *Comité de Sûreté Générale aux agens « nationaux des districts de la République Française* » datée à Paris du 12 frimaire an III (2 décembre 1794). Le nombre des exemplaires envoyés ayant été insuffisant, cette circulaire fut réimprimée en vertu d'une

---

(1) Brun donne la date des jours ayant suivi le 1ᵉʳ prairial, à la résurrection du nom de Toulon. Cette restauration eut lieu un peu plus tôt.

(2) Aurel n'eut jamais recours à la qualité d'imprimeur révolutionnaire comme Mossy : « A Marseille de l'imprimerie révolutionnaire « d'Auguste Mossy, l'an second de la République françoise ».

délibération du district du Beausset, du 27 frimaire an III (17 décembre 1794), et celle-là seulement est conservée à Sanary. La mention est différente des précédentes : « *De l'Imprimerie d'A. Aurel, Imprimeur de la Marine* » (1).

Les formules, adoptées par Aurel au cours de l'an III, furent très variées. Nous relevons encore : 1° au mois de prairial « *à Toulon, chez Aug. Aurel, imprimeur de* « *la Marine* » et « *à Toulon, chez Aurel, imprimeur de la* « *Marine, place Pierre* » ; 2° au mois de floréal » *A* « *Toulon, chez Aug. Aurel, imprimeur de la Marine* » ; 3° au mois de germinal « *A Toulon, chez Aug. Aurel,* « *imprimeur de la Marine, place Pierre* », « *A Toulon,* « *chez Auguste Aurel, imprimeur de la Marine* » et « *Toulon, de l'imprimerie d'Auguste Aurel, imprimeur* « *de la Marine* ». Si l'on rétablit l'ordre chronologique, germinal-floréal-prairial, il est facile de voir qu'au cours de l'an III, Aurel fut le seul imprimeur de la Marine et qu'il fit uniquement parade de ce titre, les imprimés des autres administrations étant répartis entre les divers imprimeurs. Enfin une affiche de germinal an III porte la mention « *Au Port La Montagne,* « *de l'imprimerie d'Auguste Aurel, imprimeur de la* « *Marine* ». C'est là l'une des deux ou trois dernières pièces sorties de cette imprimerie, avant la réapparition du nom de Toulon.

Quelques jours après la chute de Robespierre, nous relevons « *Au Port la Montagne, de l'imprimerie d'Au-* « *guste Aurel, imprimeur de la Marine* » (sans date) et au bas de l'affiche contenant la proclamation de Jean-Bon-Saint-André, du 19 thermidor an II (6 août 1794) :

(1) *Archives de Sanary*, I₂.

« *Au Port La Montagne, chez Auguste Aurel, imprimeur* « *de la Marine* » (1). En quittant la qualité d'imprimeur de l'armée, Aurel reçut celle d'imprimeur de la Marine (2).

Il ne tarda guère à installer ses presses à la place Saint-Pierre et l'indication relevée à la date des 18 et 26 septembre 1794 est complétée par celle-ci de vendémiaire an III (septembre-octobre 1794): « *Port La* « *Montagne, chez Auguste Aurel, imprimeur de la Ma-* « *rine, Place Pierre* ». La même adresse parut au mois de brumaire, avec suppression du prénom Auguste.

L'examen des affiches, ayant vu le jour au cours des derniers temps de la période révolutionnaire, est plein d'intérêt.

Nous avons rencontré :

1° des affiches, dites passe-partout, concernant les *Biens nationaux à affermer* et dues au receveur des domaines nationaux Roland. Elles portent l'indication : « *de l'Imprimerie d'Auguste Aurel, Place Pierre* » et sont datées du 30 nivôse an IV (20 janvier 1796), la date ayant été écrite à la main ;

2° une affiche passe-partout relative à une *Vente de mobilier national* à Toulon, dans le magasin des ci-devant Minimes. La date est encore manuscrite, 10 vendémiaire an VI (1ᵉʳ octobre 1797). On y lit in-fine : « *De l'Impri-* « *merie de A. Aurel, place Pierre à Toulon* ». Aurel avait été amené à ne plus faire état de sa prétention, mais on retrouve dans l'intervalle des deux affiches précédentes une autre affiche s'appliquant aux *Domaines nationaux à affermer*, tirée en forme de passe-partout et imprimée

(1) D'autres affiches, datées seulement du mois de fructidor an II (août-septembre 1794), portent cette mention (*Mêmes archives*).
(2) *Mêmes archives.*

à la requête de Roland, receveur du domaine national (sic). On y remarque la date manuscrite du 9 pluviôse an V (28 janvier 1797) et l'adresse de l'imprimerie : « *A* « *Toulon, chez Auguste Aurel, imprimeur de la Marine,* « *Place Pierre* » (1).

L'an IX vit paraître de nouveau la qualité d'imprimeur de la marine : « *A Toulon, chez Auguste Aurel,* « *imprimeur de la Marine, Place Pierre* », sur des affiches s'appliquant à la ferme des biens nationaux.

La fourniture des imprimés n'était pas donnée en adjudication. Aussi les imprimeurs revendiquaient-ils la même qualité presque simultanément et dès qu'il effectuaient une livraison de leurs travaux, ils s'empressaient à qui mieux mieux de prendre le titre d'imprimeur de l'administration qui les avait commandés.

VII

Ma foi ! une affiche de l'an XI m'a fait écarquiller les yeux à cause de la formule exceptionnelle qu'elle contient : « *à Toulon, chez Aug. Aurel, imprimeur-* « *libraire, place république* ». C'est vers le commencement de l'année 1802, qu'Aurel installa une librairie parallèlement à son imprimerie. Il ne tarda pas à faire sortir de ses presses des brochures et plus tard des livres, dont la possession comble de joie à notre époque les collectionneurs, les bibliophiles et les érudits. La bibliographie des œuvres imprimées par Auguste Aurel et par son fils Eugène Aurel fera l'objet d'une étude complémentaire.

Deux notices, non datées, ont été imprimées par Aurel :

(1) *Archives de Sanary,* I2.

1° *Recueil des pièces à charge des autorités et habitans contre-révolutionnaires de Toulon, en 1793, in-8°, 24 p.* On lit in-fine : « *A Toulon, chez Aug. Aurel, imprimeur, « place de la République* ».

2° *Recueil de pièces servant de réponse aux diatribes et calomnies d'Isnard contre les Républicains de Toulon, et des preuves de la rébellion, de la trahison et de l'aliénation authentique de cette ville et de ses dépendances, en 1793, par les Autorités contre-révolutionnaires et autres individus actuellement Emigrés, qu'Isnard a l'imprudence de nommer Républicains du 31 mai, imprimé par souscription, in-8°, 34 p.* La mention relative au lieu d'impression est la suivante : *A Toulon, de l'imprimerie* « *d'Auguste Aurel* » (1).

Les autres documents imprimés, concernant les événements de Toulon, que j'ai pu consulter, n'ont pas vu le jour au sein des presses d'Aurel, mais parfois bien loin de cette ville, comme à Coutances.

Le second imprimé a été édité après le 14 germinal an IV, car il cite une lettre écrite ce jour-là par l'Administration municipale du canton de Toulon, au Conseil des Cinq Cents. Enfin, le *Recueil des Pièces* a été composé au même moment que le second imprimé. On l'y trouve reproduit d'une manière conforme à partir de la page 19. Toutefois, au lieu de *Recueil des pièces*, le titre est *Pièces* et un mot a été déplacé à la ligne 8, le mot suivant *Copie*. Quelques légères différences dans les deux textes font admettre l'existence de deux compositions.

Ces indications permettent de se faire une idée à peu près précise sur l'époque de l'impression de ces deux opuscules. La place Saint-Pierre devenue la place

(1) Page 34.

Pierre en 1793, fut dénommée place de la République le 4 vendémiaire an VII (1).

Comme conclusion, ces deux mémoires virent le jour après cette dernière date. Voilà tout ce qu'on peut affirmer en l'état actuel de nos connaissances, avec observation que l'extrême limite est en sens contraire le 30 décembre 1805, jour où la dénomination officielle devint par flagornerie place d'Austerlitz (2).

Par contre, les recherches relativement à l'imprimeur de deux pièces devenues introuvables sont demeurées infructueuses :

1° *Huitième division militaire. Hôpitaux militaires. Place de Toulon, département du Var.* Cet in-8° contient un rapport dû à L.-Paul Courtés, daté du 6 brumaire an VIII. Il s'agit du projet de transfert de « l'hôpital militaire d'instruction » de Toulon à Grenoble. L'auteur le critique et met en évidence la rudesse du climat de cette dernière ville. Cette rarissime étude se rattache à la bibliographie du Dauphiné.

2° *Adresse du tribunal correctionnel de Toulon, au Corps législatif et au Directoire.* Cette adresse est de l'an VII (3).

## VIII

Parmi les rivaux d'Aurel figurèrent Calmen et la veuve Surre. Quelques données inédites à leur sujet trouvent ici leur place. Calmen créa son établissement

---

(1) MONGIN. *Toulon ancien et ses rues*, t. II, p. 193. Les notions qui précèdent complètent les notes fournies par cet auteur. Plusieurs décisions prises au cours de la Révolution et infligeant des noms nouveaux à des rues ou à des places de Toulon, n'ont pas été mises à exécution.

(2) *Ibid.* p. 193.

(3) Ces deux imprimés se trouvent à la Bibliothèque de Toulon.

au cours du deuxième trimestre de l'année 1795 (1).
Ses prénoms étaient Pierre-Joseph. Il mourut à Toulon
le 25 juillet 1823, à l'âge de 85 ans. L'acte de décès le
fait naître à Avignon et le déclare veuf de Madeleine,
alias Marguerite Bonvoux, décédée avant 1813. Il avait
exercé précédemment son art à Aix-en-Provence. Ainsi
le prospectus du *Traité sur l'Administration du Comté
de Provence* indique comme recueillant les souscrip-
tions Calmen, imprimeur du Roi, du Clergé et de
l'Université, rue du Collège à Aix (1785) (2). Il serait
aisé de s'étendre plus longuement sur son œuvre aixoise.

Deux des fils de Calmen suivirent leur père à Toulon. L'un d'eux, Blaise, né à Aix, était âgé de 36 ans
en 1811 et était qualifié imprimeur. Il ne parait pas
avoir laissé de postérité dans la première de ces villes.
La table décennale mentionne Louise-Pétronille Calmen, née le 20 fructidor an XI. Il s'agit en réalité de
Joseph-François, né le 18 fructidor du mariage de
l'autre fils de Pierre-Joseph, alors simple ouvrier-
imprimeur et portant les prénoms Louis-Pierre-Joseph
avec Marie-Françoise Bedeau, née à Paris.

Leurs autres enfants furent :

2° Marie-Joséphine (30 juin 1806). Les témoins furent
Ange Laugier, né à Monaco (Alpes-Maritimes), 31 ans,
imprimeur à Toulon et Jacques-Alexandre Curet, né à
La Seyne, domicilié à Toulon, 40 ans, imprimeur-
libraire en ce lieu (3) ;

3° Louis-Pierre-Joseph, mort à 21 mois, le 21 mars
1808 ;

(1) L'administration du district avait été rétablie à Toulon le 5 mars
1795.

(2) *Archives de Sanary*, GG. 35.

(3) Le 16 août 1793, mourut à Toulon François Curet, bourgeois,
âgé de 52 ans, né à La Seyne, fils d'Antoine et de Thérèse Gasseur,
habitant rue Pavé-d'Amour. Monaco dépendait alors de ce département.

4° Marie-Thérèse-Pauline (31 janvier 1809). L'un des témoins fut Michel-Marie Baume, né à Marseille, 28 ans, imprimeur à Toulon ;

5° Scholastique-Joséphine (11 février 1811) (1). L'un des témoins fut Blaise Calmen. Le père de l'enfant avait alors 35 ans ;

6° Barbe-Rose-Joséphine (6 décembre 1813). Le lieu de naissance de la mère n'est plus cité comme étant Paris, mais comme étant Versailles, et cette variante figure sur trois autres actes ;

7° Louis-Stanislas-Xavier-Jérôme (27 novembre 1815). L'un des témoins fut Joseph-Pascal Prudhomme, né à Saint-Germain-en-Laye (Seine-et-Oise), 32 ans, imprimeur. Il était simplement ouvrier-imprimeur.

Louis-Pierre-Joseph était né à Aix comme son frère et il avait eu 32 ans en 1807, tandis que Blaise aurait été âgé de 36 ans en 1811. Il s'en suit que la différence d'âge entre les deux frères était à peu près réduite au strict nécessaire.

Rose-Apollonie Calmen, née à Aix et fille de Pierre-Joseph, le suivit à Toulon. Elle y mourut le 10 novembre 1813, à 31 ans, et femme d'Alexandre Pougaud, artiste dramatique. L'un des témoins de la déclaration fut Jean Deligny, imprimeur, 45 ans, né à Bouvancourt (Marne).

D'autre part, dans l'acte de décès de Barbe-Rose-Joséphine Calmen (12 août 1816), son père est encore qualifié ouvrier-imprimeur. Aussi est-il certain que la maison fondée par Pierre-Joseph, à Toulon, devint la

---

(1) Les premier et cinquième enfants moururent respectivement les 18 juillet 1807 et 16 décembre 1812. L'un des témoins de l'acte de décès du cinquième fut Nicolas (Augustin), imprimeur, 40 ans, né à Blamont (Meurthe).

propriété exclusive de Blaise, dont le frère resta l'ouvrier. L'un des témoins figurant à l'acte précédent, fut Joseph Prudhomme, 35 ans, imprimeur, né à Saint-Germain-en-Laye.

La formule employée par Calmen constituait une véritable réclame, reproduite sur la brochure renfermant la série des documents relatifs à la venue à Toulon de M. de Langara, général en chef de l'escadre de sa Majesté Catholique en l'an V (brumaire) : « *à Toulon,* « *chez P. Jh Calmen, imprimeur de la Commune, rue de* « *l'Egalité, vis-à-vis de l'hôpital de la Marine* ». Ce titre était envié, car la commune de Toulon avait recours à nombre d'imprimés. Aurel travailla fort peu pour elle.

D'après la lettre d'envoi, parut en l'an III, le « *Dis-* « *cours prononcé par le représentant du peuple Rouyer,* » *sur la place du champ de bataille à Toulon, le 30 ther-* « *midor, jour de la célébration de la fête du 10 août* », imprimé « *chez P. J. Calmen, imprimeur des représen-* « *tants du peuple et de la Marine, rue des Marchands* ». En l'an IV, Calmen se proclamait toujours imprimeur de la marine : « *A Toulon, chez P. J. Calmen, imprimeur* « *de la Marine, rue de l'Egalité, vis-à-vis l'hôpital de la* « *Marine* » (arrêté du directoire exécutif du 24 fructidor an IV ou 10 septembre 1796). En l'an V, la formule fut identique, mais la lettre m de marine et la lettre e d'égalité sont cette fois minuscules, tandis que la lettre h d'hôpital est majuscule. Sur d'autres affiches de la même année, tout est rigoureusement conforme à ces dernières indications, mais toutefois la lettre h est demeurée minuscule.

Par conséquent en l'an IV et en l'an V Calmen fit d'assez nombreuses impressions pour la marine. Il en avait été à peu près de même en l'an III, tout au moins à partir de prairial (1). Les affiches concernant la vente des biens nationaux de première origine pour le compte de la municipalité d'Ollioules lui permirent d'énoncer ses qualités d'imprimeur de la marine et du directoire du district de Toulon (arrêtés du directoire du district de Toulon des 1ᵉʳ fructidor an III et 19 thermidor an III (18 août et 6 août 1795). Calmen semble avoir succédé à Aurel dans les faveurs de l'administration au début du mois de thermidor an III. Quoi qu'il en soit, l'arrêté du directoire de cette ville du 17 vendémiaire an IV (9 octobre 1795) concernant la vente de biens d'émigrés sis au Beausset et à Evenos, l'entraîna à se dire « *im-« primeur des représentans du peuple et du directoire du « district* » (2).

IX

Les anciens almanachs de Toulon sont fort rares. Ceux des années 1813 et 1814 nous montrent Blaise Calmen en exercice. En 1823, Louis était toujours ouvrier imprimeur chez son frère Blaise, même après la mort de leur père et une de ses sœurs avait fixé son domicile à Toulon.

Pierre-Joseph-Clément Calmen, imprimeur à Marseille (1826) et Marie-Rosalie Calmen, fᵉ de Pierre-Joseph Beaucaire, commis dans cette ville, étaient d'autres enfants de Pierre-Joseph (3).

(1) Aux mois de prairial, messidor et thermidor an III, nous lisons respectivement sur des affiches : « *Chez P. J. Calmen, imprimeur de la* « *Marine, rue des Marchands. — Chez P. J. Calmen, imprimeur des* « *représentants du Peuple et de la Marine, rue des Marchands. —* « *Chez P. J. Calmen, imprimeur de la Marine et du directoire du* « *district de Toulon* ».

(2) Toutes ces affiches sont du format in-fᵒ.

(3) *Mes archives, fonds Colle, avocat à Toulon.* p. 134 et 199. Louis-Xavier-Stanislas Calmen, s. p. à Toulon (1836), appartenait à la même famille (*Même fonds*).

Pendant le siège de Toulon, Mallard et Surre firent fonctionner leurs presses. Le dernier paraît avoir seul imprimé les affiches s'appliquant aux jugements rendus par le tribunal populaire, au nom de Louis XVII. Reboul a eu entre les mains l'affiche relative au jugement du 27 septembre 1793. Surre fils s'y intitula « *imprimeur du Roi et du Tribunal-Populaire-Martial de* « *Toulon* » (1). Cette affiche est aussi rare que curieuse.

En 1795 nous retrouvons la veuve Surre. L'établissement resta sur sa tête, quoiqu'elle eût un fils au moins, Jean-Henry, né à Aix-en-Provence, âgé de 39 ans en 1808. Celui-ci eut deux fils inscrits sur les registres de l'état-civil de Toulon : François-Victor (31 janvier 1806) et Etienne-Joseph (11 avril 1810). Dans chacun des deux actes, il est qualifié imprimeur. Il avait épousé Françoise Moureau, née à Avignon, âgée de 37 ans en 1808. Etait-elle parente d'Agricol Moureau ? C'est fort possible. Leur fils aîné mourut le 29 août 1808 à Toulon.

Les almanachs de 1813 et 1814 nous montrent le nom de l'imprimerie de Victoire Surre, laquelle subsistait encore en 1829 et n'est plus mentionnée en 1831. Cette femme avait annexé à son fonds un commerce de librairie antérieurement à 1813. Elle avait rétabli, vers le milieu de 1795, son atelier et elle fit peu d'impressions pendant la dernière partie de la Révolution. En 1790, Surre fils avait créé, rue de l'Arsenal, cet atelier (2), qui disparut durant la tourmente avec son titulaire. Mallard l'avait traité quelque peu en intrus. Cependant,

(1) Op. l., p. 19.

(2) L'adresse se retrouve heureusement sur le *Procès-verbal de l'assemblée électorale du département du Var, tenue à Toulon, au mois d'avril 1791*, in-4°, 64 p.

grâce à ses relations, Surre était parvenu à se former une clientèle.

Les documents administratifs imprimés à Toulon au cours du siège, étaient revêtus de la mention « *de* « *l'imprimerie de Surre fils, imprimeur du roi et des* « *puissances coalisées* » (mois de septembre) ou de celle-ci « *de l'imprimerie de Mallard, imprimeur du Roi* « *et de M. le gouverneur* » (15 septembre) (1). D'autres sont dépourvus de la mention de l'imprimeur. Tous sont devenus fort peu communs. D'après une lettre de Gasparin du 9 octobre, en abandonnant les batteries des Sablettes, les alliés laissèrent des proclamations (2). Quel en était l'auteur ? Quel en était l'imprimeur ?

Une affiche du 25 vendémiaire an IV (17 octobre 1795) nous a transmis la formule de la veuve Surre « *à Tou-* « *lon, chez la veuve Surre, imprimeur de la Marine, rue* « *des Marchands* ». D'autres affiches, parues le 23 fructidor précédent (9 septembre), se bornaient à rappeler l'imprimerie de la veuve Surre, sans plus ample désignation.

X

Une grosse question au sujet de l'impression des listes des émigrés se pose sans peine. Le 2 germinal an II (22 mars 1794), les administrateurs du district du Beausset adressèrent à Sanary plusieurs exemplaires de neuf listes supplémentaires des émigrés du Var du n° I au n° IX, à l'instant affichées et proclamées dans l'étendue de la commune (3). Par qui et où furent elles

---

(1) Cottin. *Toulon et les Anglais, en 1793*, p. 134 et 199.
(2) *Recueil des actes du Comité de Salut Public*, etc., t. VII, p. 337-8.
(3) *Registre des délibérations de Sanary*, f<sup>os</sup> 73-4. *Archives de cette ville*, I₂.

imprimées ? Elles ne devaient pas être manuscrites, quoique la lettre d'envoi elle-même n'indique pas si elles ont été imprimées. Cette lacune, fâcheuse à divers titres, sera peut-être comblée quelque jour. Quoi qu'il en soit, si l'histoire de l'impression des états des émigrés de l'ensemble du département du Var présente un réel intérêt, les chercheurs s'intéressent avec plus d'entrain à l'histoire des émigrés de la ville de Toulon.

Conformément au titre III de la loi générale du 25 brumaire an III, le directoire du district de Toulon adressa, le 17 floréal, à la municipalité de Sanary, six exemplaires de chacun des tableaux de la lettre D à la lettre V de la liste des émigrés de la commune de Toulon. Nous n'avons malheureusement pas d'autres renseignements. Deux jours après, 19 floréal (8 mai 1795), le même directoire prit un arrêté au sujet des fermiers des biens des émigrés et cet arrêté fut imprimé à raison de cent cinquante exemplaires par Aurel. Mais la veuve Surre imprima une proclamation du même directoire du 23 fructidor an III, relative à quelques noms d'émigrés oubliés à leur place respective. Le 16 messidor, les administrateurs du district de Toulon adressèrent à la municipalité de Sanary des exemplaires de la quatrième liste supplémentaire des émigrés du département du Var, comprenant les numéros 13, 14, 15, 16, 17, 18, 19, 20 et 21. A son tour, Aurel imprima la proclamation du directoire du 5 thermidor concernant le dépôt des quatre premiers cahiers du troisième supplément à la liste générale des émigrés de la République. La proclamation analogue du 17 vendémiaire an IV, relative au dépôt des cahiers de même nature, allant de la lettre P à la lettre Z, vit le jour chez P.-J. Calmen, imprimeur du directoire du district, tandis qu'Aurel avait pris le titre d'imprimeur de la marine sur la proclamation imprimée par lui. Dès le transfert de l'administration centrale du département à Brignoles (an IV), Guichard fils, imprimeur en ce lieu, fut chargé des affiches de cette catégorie et de beaucoup d'autres impressions (1).

## XI

L'attention de tout bibliophile est appelée à la Bibliothèque de Toulon sur deux imprimés inédits :

1<sup>er</sup> *Précis de la fête de la fondation de la République Française, célébrée dans la Commune de Toulon le 1<sup>er</sup> vendémiaire an 5<sup>me</sup> de l'Ere Républicaine et à laquelle était jointe celle des Vieillards.* On peut lire de la p. 1 à la p. 6, le précis de la fête et à la suite, de la p. 7 à la p. 12, le *Discours prononcé le 1<sup>er</sup> vendémiaire an 5 de la République Française par le citoyen Barry président de l'Administration municipale du canton de Toulon, département du Var.*

Cette brochure a vu le jour : « A *bord de l'*Orient, « *de l'Imprimerie de l'Armée navale* » et le format est l'in-4°.

2<sup>me</sup> *Précis de la Fête du 10 août, célébrée dans la commune de Toulon, département du Var, le 7 fructidor, l'an 4<sup>me</sup> de la République Française, à laquelle a été jointe la Réjouissance pour les nouvelles et éclatantes victoires des armées républicaines en Italie et en Allemagne.* De la p. 1 à la p. 11 s'étend le précis. A la p. 12 est inséré le *Discours historique sur la fête du 10 août, célébrée dans la commune de Toulon, le 7 fructidor, l'an 4<sup>me</sup> de la République Française, prononcé par le citoyen*

_____
(1) *Mêmes archives, I2.*

*Barry, président de l'administration municipale du canton
de Toulon, département du Var.* Ce discours s'étend
jusqu'à la p. 19. Le lieu de l'impression est une fois de
plus : *A bord de l'*Orient, *de l'Imprimerie de l'Armée
Navale »* et le format est encore l'in-4°. Si le premier
précis contient 12 pages, le second en renferme 19.
Tous les deux sont également mal imprimés. Le papier
est médiocre pour les deux opuscules ; il est d'une cou-
leur gris foncé ou vaguement bleuté. Les lignes d'un
côté des pages ne correspondent pas aux lignes de
l'autre côté des mêmes pages. C'est le cas d'un mauvais
registre, pour employer l'expression du métier. Mais
comme les presses étaient à bras, il est préférable de
dire que la marge est mauvaise du côté de deux ou
du côté de retiration. Le tirage était effectué sur des
paquets de composition serrés d'une façon irrégulière.
Aussi la composition chevauche-t-elle et fait-elle la
rue de ci et de là.

Quelques détails au sujet de la fête du 10 août 1796
sont indispensables et sont extraits du *Précis de la fête*
lui-même (an IV). Ils s'appliquent à des faits locaux
demeurés dans l'ombre. Une inscription rappelait « la
« mémoire de Jean-Baptiste Gueit, chef du détache-
« ment des toulonois, mis à mort par jugement du
« tribunal populaire martial de Louis XVII, pendant la
« trahison de Toulon ». L'historien est heureux de
retrouver, à la page 18, une note plus complète concernant ce vitrier, condamné le 18 octobre 1793 « pour
« avoir violé le palais de nos rois en y pénétrant à
« main armée et faisant feu sur ses gardes » (1). La

(1) P. 6 et 18. — Cf. FRERON. *Mém. hist. sur la réaction royale,* etc.,
*éd. an IV*, p. 249 et s. ; *éd. 1824*, p. 288 et s. D'après ce *Mémoire* le
*Jugement du tribunal populaire martial de Toulon qui condamne à la
peine de mort Jean-Baptiste Gueit, etc, et la lettre jointe,* ont été

lettre touchante, écrite à sa mère par Gueit en partant pour le gibet, est reproduite avec raison.

Le lieu de l'impression prouve que ces deux brochures si rares ont vu le jour sinon en même temps, du moins à peu près simultanément, car l'imprimerie de l'armée navale n'a pu exister à bord du vaisseau l'*Orient* en rade de Toulon que durant un temps limité.

Le vaisseau l'*Orient* faisait, en effet, partie de la flotte qui, sous les ordres du contre-amiral Martin se mesura, le 11 juillet 1795, avec l'escadre anglaise et il rentra avec l'armée navale, à Toulon, le 11 thermidor an III (29 juillet). Les multiples documents, analysés par V. Brun, mentionnent ensuite de nombreux vaisseaux, sans jamais citer l'*Orient*. D'après le relevé fourni par l'ordonnateur Najac, après son installation du 16 fructidor an V, l'*Orient* était désarmé à ce moment-là (1). Dès lors, l'imprimerie de l'armée navale ne pouvait se trouver à son bord.

Nos deux documents paraissent avoir été imprimés à bord de l'*Orient* (2) respectivement aux mois de fructidor an IV et vendémiaire an V, mois d'ailleurs consécutifs. Si V. Brun avait découvert un texte quelconque concernant l'imprimerie de l'armée navale, nul doute qu'il ne l'eût étudié.

Est-ce un personnel de circonstance emprunté à l'une des trois imprimeries de Toulon qui composa et tira

imprimés à Toulon chez Auguste Aurelle (sic) (*éd. an IV*, p. 252, *éd. 1824*, p. 293). Cette formule doit être prise au pied de la lettre et il s'agit d'une impression différente du *Précis* actuellement inconnue. Le format de la rédaction du *Précis* ne laisse aucun doute à ce sujet. Fréron a reproduit le texte du jugement et celui de la lettre.

(1) *Guerres maritimes de la France : port de Toulon*, etc., t. II, p. 277 et s.

(2) L'ancien vaisseau le *Sans-Culotte*, dont le nom fut changé après le 1ᵉʳ prairial an III.

les deux précis ? Est-ce à un personnel permanent que nous devons ces deux impressions ? Le silence de Brun à cet égard ne permet pas d'adopter la première hypothèse plutôt que la seconde.

A cette époque Calmen était seul imprimeur de la marine d'après les textes retrouvés. Si cette constatation n'est pas infirmée, les précis, faute d'imprimeur spécial, seraient l'œuvre de Calmen et ne seraient pas sortis des presses d'Aurel. Dans tous les cas, nous nous trouvons en présence d'une singularité typographique. Jusqu'à la découverte des pièces justificatives, un sphinx, que dis-je, un enfant du « pays des sorciers » est lui-même impuissant à déchiffrer une telle énigme.

A première vue j'aurais été bien aise de relier les deux *précis* à l'imprimerie attachée au corps expéditionnaire d'Egypte. Mais la formule « armée navale » ne peut être appliquée qu'à l'escadre et d'autre part le départ de l'expédition n'eut lieu que le 30 floréal an VI (29 mai 1798). Cette date est trop éloignée des mois de fructidor an IV et de vendémiaire an V pour pouvoir être prise en considération. Cette proposition était d'autant plus séduisante que Bonaparte monta alors le vaisseau l'*Orient* (1). Ne fit-il pas imprimer à Toulon ou à bord de l'*Orient*, avant son départ, quelque proclamation, quelque document important ? La solution de cette question intéresserait non seulement les érudits toulonnais, mais encore les bibliophiles dauphinois. Les presses d'Auguste Aurel auraient pu, en effet, être mises à contribution avant que son frère Marc ait transporté son matériel à bord de l'*Orient*, où il s'embarqua. De même lors de son passage à Toulon (4 germinal an

---

(1) BRUN. *Op. l.* t. II, p. 323.

IV), après sa nomination, comme général en chef de l'armée d'Italie, est-ce que Bonaparte ne fit pas imprimer quelque texte chez Auguste Aurel, qu'il avait connu tout jeune à Valence ?

La solution de la question présente les plus grandes difficultés. D'après la généalogie de la famille Aurel, établie par Rochas d'une façon si fantaisiste (1), Marc Aurel aurait été nommé imprimeur de l'armée navale, le 8 floréal an II. Cela est fort possible. L'association des deux frères Auguste et Marc existait à la date du 25 germinal an II et aucune trace de cette coopération n'est connue par la suite. Marc peut très bien être devenu imprimeur de l'armée navale le 8 floréal an II, car selon la lettre du 2 prairial de Sénés, un seul imprimeur subsistait à Toulon même, quelques jours avant cette date et c'était certainement Auguste Aurel. Quoi qu'il en soit, à ce moment-là, Marc n'habitait pas Valence et ne songeait pas à y fixer sa résidence, car lors du mariage de Pauline-Henriette-Sylvie Aurel, sa sœur, avec Jean-Agricol Bernard dit Bonnet, célébré à Valence le 2 floréal an II, il n'y assista pas, tandis que leur frère Pierre Aurel, capitaine dans la légion montagnarde, en fut témoin.

Dès la mort de Pierre (23 septembre 1793) (2), l'entreprise créée par lui passa aux mains de sa veuve et d'après des imprimés appartenant aux Archives dépar-

---

(1) *Notice sur la famille Marc-Aurel.* La correspondance échangée entre Rochas et Edouard Marc-Aurel à ce sujet m'appartient. Elle fourmille d'inexactitudes, de telle sorte que Rochas est parfaitement excusable.

(2) D'après un rapport officiel, Pierre Aurel créa une imprimerie à Valence au cours de l'année 1790 et il l'annexa à sa librairie. Cette date doit être tenue pour rigoureusement exacte et elle est confirmée par *l'Almanach général du Dauphiné pour l'année 1790.* L'imprimeur valentinois était alors Viret ; les deux libraires étaient Muguet et Aurel.

tementales de la Drôme ou faisant partie de ma bibliothèque, la veuve Aurel était toujours à la tête de l'établissement en l'an IV et même en l'an V. A ce moment-là, Marc Aurel avait pris femme et avait épousé Cécilia ou Cécile Billon, dont le nom de famille est assez répandu aux environs de Valence et dans cette ville. Si les tables décennales de l'état-civil en ont été bien dressées (1), le mariage Aurel-Billon n'eut pas lieu à Valence et la veuve de Marc Aurel serait décédée à un âge assez avancé. Tout ce qu'on peut affirmer, c'est que le 22 pluviôse an V, naquit à Valence Louis-Jules-Marc Aurel, fils de Marc Aurel et de Cécile Billon, et qu'à ce moment-là, Marc Aurel était libraire dans cette cité. Depuis combien de temps y était-il de retour ? Nul ne le sait. Mais s'il quitta Toulon à l'époque de son mariage (?), la date de la naissance de son premier-né prouve qu'il ne se trouvait plus à la tête de l'imprimerie de l'armée navale lors de la composition des deux *précis*. Pour l'instant le mystère reste insondable.

## XII

Les innombrables textes émanant de la Convention firent la fortune de quantité d'imprimeurs. La situation fut entièrement différente à Toulon, grâce à diverses circonstances.

A l'origine, les lois édictées par la Convention étaient imprimées à Paris à l'Imprimerie Nationale. Les tables

---

(1) Celles de la période (1792-1801), qui font défaut dans tant de mairies, ont été établies à Valence.

et les lois elles-mêmes destinées au département du Var ne tardèrent pas à sortir des presses de Guichard, imprimeur du département, à Grasse (à partir de la loi du 28 pluviôse an III). A dater du 11 fructidor de la même année, ces imprimés virent le jour à Brignoles « *de l'imprimerie des ff. Dufort* », etc., etc. Aussi la situation commerciale d'Aurel, de Calmen et de la veuve Surre, fût-elle presque précaire jusqu'au Consulat. Graduellement, Aurel et cette dernière exploitèrent à la fois l'imprimerie et la librairie, à l'instar d'Alexandre Curet. Calmen se livra uniquement à son art, car il était le plus occupé des trois imprimeurs.

Guichard quitta Grasse pour Brignoles « *A Brignolles, « J. Guichard, imprimeur du département du Var* » (an V), tandis que ses concurrents inscrivaient sur leurs imprimés « *Brignolles de l'imprimerie des F. F. Dufort* » (an IV). Plus sages que leurs confrères toulonnais, ils firent fusionner leurs ateliers « *de l'imprimerie de Dufort « et Guichard* » (an VII).

## XIII

Pierre Aurel était correspondant de la *Loterie de l'Ecole royale militaire*. Le 22 novembre 1775, il délivra à Madame Imbert-Duméric, habitant à Montmeyran, un reçu ainsi conçu :

« Enregistré n° 53, bureau 707

Tirage pour le 5 décembre 1775

J'ai reçu la somme de douse livres pour placer à la loterie du tirage prochain sur le nombre ci-dessous

17. 31. 39. 42. 50

à raison de $\left\{ \begin{array}{l} \overline{\text{10 amb. à}}\ ^{(1)} \\ \text{10 tern.} \end{array} \right\}$ douse sols (2).

. . . . . . . . . . . . . . »

Le 11 janvier 1776, il écrivit à sa correspondante qu'il supposait qu'elle avait gagné 40 livres 10 sols et il lui envoya la liste des numéros gagnants, en la prévenant que « l'argent » devait arriver le jeudi suivant. D'après la mention inscrite au dos de la lettre, Madame Duméric dut poursuivre Aurel (3), dont les débuts furent pénibles. Il mourut à l'âge de 54 ans, le 23 septembre 1793, comme on l'a déjà vu, à 7 heures du matin, dans sa maison d'habitation, située place de la Liberté. Ses qualités d'imprimeur-libraire et d'officier municipal figurent à l'acte de décès dont les témoins furent Louis Mondan (35 ans) et Claude-Joseph Colombier aîné (4), vitrier et officier municipal (52 ans).

Le dessin de Debelle, reproduit dans l'*Album du Dauphiné* (5), ne saurait s'appliquer à la librairie, puis imprimerie-librairie de Pierre Aurel et des artistes contemporains ont confondu la situation de ce dernier avec celle de son fils Marc, par suite d'un singulier anachronisme. Au cours du premier séjour de Bonaparte à Valence (novembre 1785-septembre 1786), Pierre Aurel était simplement libraire et son fils Marc n'avait

(1) Mots barrés.
(2) Il s'agit d'ambes et de ternes.
(3) *Archives départementale de la Drôme*, E. 995.
(4) La famille Colombier était apparentée à celle de la femme de Pierre Aurel.
(5) T. III, p. 96.

guère plus de 11 ans 1/2 à cette dernière date. Un jeune homme de 16 à 17 ans ne transforme pas en ami un enfant de l'âge de Marc Aurel. La même remarque s'applique encore à la présence de Bonaparte à Valence du mois de juin aux mois de septembre ou d'octobre 1791. Le futur empereur était déjà entré dans sa 23ᵉ année, car malgré une hypothèse contraire, il est né le 15 août 1769, à Ajaccio (1). Marc Aurel était âgé à ce moment-là de 16 ans. Aucune intimité ne saurait exister entre deux personnes âgées respectivement de 16 et de 22 ans. Pierre Aurel au contraire, à la tête d'une situation enviable, était presque devenu un personnage important. Des rapports cordiaux se créérent tout naturellement entre Bonaparte et le libraire dont il fréquentait le cabinet de lecture. En dépit de la tradition, l'amitié du futur empereur et de Marc Aurel commença à l'armée de Carteaux (1793) (2).

## XIV

L'histoire n'a pas conservé d'autre trace de Jean-Jacques Aurel, ouvrier imprimeur à Valence, et frère de Pierre, qu'une mention de son existence en 1765. La postérité de Pierre Aurel s'est alliée à une troisième dynastie d'imprimeurs ayant d'abord collaboré à l'œuvre de Marc Aurel à Valence, puis ayant exercé son

(1) La fable *Le lapin, le chien et le chasseur*, œuvre apocryphe de Bonaparte et soi-disant composée à Valence (MASSON. *Napoléon inconnu.* t. I. p. 55), a été publiée même par Challamel dans l'*Histoire de Napoléon*, p. 2.

(2) Le récit de Léty repose également sur de fausses bases : *Bonaparte à Valence*, p. 41.

art à Avignon à la suite de Bonnet père. Le 2 floréal an II, fut célébré à Valence le mariage de Jean-Agricol Bernard Bonnet, né le 19 juin 1768 à Avignon, fils d'Antoine-Joseph, imprimeur en ce lieu et de Marie-Louise Vovard, avec Pauline-Henriette-Sylvie Aurel, née le 25 février 1770, fille de feu Pierre Aurel, marchand-libraire (sic) et de Madeleine Vernet. Les témoins furent Pierre Aurel, frère de la future, capitaine à la légion montagnarde, âgé de 25 ans, Antoine Coste, prote (42 ans), Pierre-Antonin Soullier, ancien professeur de belles-lettres au collège de Valence (33 ans) et Jean-Martin Bénistant, imprimeur (32 ans), tous domiciliés à Valence (1).

Le 22 pluviôse an V, à 3 heures de l'après-midi, naquit à Valence, Louis-Jules-Marc Aurel, fils de Marc-Emmanuel Aurel (2), libraire, et de Cécile ou Cécilia Billon. Les témoins de l'acte de naissance furent Jean-Louis-Agricol Bernard, dit Bonnet, imprimeur, et Marie-Madeleine Vernet (58 ans). Bernard-Bonnet et Pierre Gerin, négociant, furent les témoins de l'acte de naissance de Pauline, fille de Marc Aurel, imprimeur, venue au monde le 23 prairial an XII. Dans cet acte le père est dénommé Baptiste-Joseph-Marc-Emmanuel. Le prénom Baptiste apparaît là pour la première fois par suite d'une erreur, car il ne semble pas avoir cons-

---

(1) La présence de divers membres de la famille Mondan aux actes de l'état-civil concernant la famille Aurel, s'explique par le mariage de Thérèse Vernet, sœur de la mère de Marc, avec Antoine Mondan, d'où Pierre Mondan et Louis Mondan cadet, cafetier, et à la génération suivante Pierre-Hyacinthe Mondan, chef du service des lits militaires à Valence.

(2) Sa signature comme dans l'acte de naissance de l'an V se compose du prénom Marc et du nom Aurel soudés ensemble, l'a du nom étant constitué par une minuscule. Cette jonction se retrouve dans toutes les signatures, variées d'ailleurs, que j'ai pu découvrir.

titué un surnom. D'autre part Françoise Aurel, née à Valence le 10 pluviôse an IX, et autre fille de Marc, mourut en ce lieu le 28 décembre 1842, dans la maison Aurel, sise Grande-Rue. La librairie, puis l'imprimerie-librairie de Pierre Aurel, n'avaient pas quitté la place des Clercs ou de la Liberté.

Enfin, Marc Aurel passa de vie à trépas à Avignon (1), le 21 septembre 1834, à 4 heures du soir, à l'âge de près de 60 ans, au domicile de son neveu Bonnet fils, rue Bouquerie, île 129, n° 7 (2). Le décès fut déclaré le lendemain par Pierre Guibert (57 ans) et Raymond Teulon (26 ans), ouvriers imprimeurs à Avignon (3). Quant au décès de Cécile Billon, femme de Marc Aurel, et en vie en 1842, il ne s'est pas produit à Valence et il ne m'a pas été possible d'en retrouver l'acte. Une circonstance fortuite avait fait attribuer à ce dernier le prénom Marc. La légende qui avait transformé ce fait en une allusion à l'empereur Marc-Aurèle ne repose sur aucun fondement.

Les diplômes délivrés par la Loge *de la Sagesse* de Valence, en 1803, du format petit in-folio et de forme oblongue, étaient imprimés sur papier par exception à l' « *imprimerie des FF.·. Marc Aurel et Bonnet* ». A la date du 2 juillet 1808, Marc Aurel, rose-croix, était garde des sceaux et timbre de cette Loge.

La parenté d'une branche de la famille Aurel avec la maison d'un catholique, célèbre entre tous, Frédéric Ozanam, mérite d'être signalée. Madame Soulacroix, née Zélie Magagnos, cousine de Madame Eugène

(1) L'acte de décès le qualifie, avec raison, imprimeur-libraire.
(2) Siège de l'imprimerie Bonnet, située avant « vis-à-vis le Puits des Bœufs ».
(3) Etat-civil d'Avignon.

Aurel, mourut à Paris, en son domicile, rue de Vaugirard, n° 46, à 84 ans, le 7 avril 1882. Sa fille avait épousé Ozanam. La lettre de part mentionne in-fine Madame Aurel et ses enfants (1).

## XV

Quoique la nouvelle création remonte à 1790, le décret supprimant les brevets et les lettres de maîtrise est du 17 mars 1791 (2). Pierre Aurel profita à peine de son innovation et lorsque Bonaparte tint pour la seconde fois garnison à Valence, il n'avait pas un atelier bien agencé. Malgré le grand nombre de textes, émanant des Assemblées constituante et législative, imprimés en ce lieu, je n'ai pas rencontré d'impression d'Aurel, devenu « imprimeur du département de la Drôme », qui soit antérieure au mois de janvier 1792 (3). Mais Emblard a cité un discours de Fayard, du 24 novembre 1790, un autre de Courtois, du 30 janvier 1791, ayant paru sans date, et un avis du 24 juin 1791, émanant du directoire (4). Son étude n'a pas été tirée à part.

La librairie de Pierre Aurel avait été autorisée par un arrêt du parlement de Grenoble du 8 juillet 1766. L'ancienne maison Aurel (5) a fait place à la maison

(1) Mes collections. Huit. *La vie etc., de Frédéric Ozanam*, p. 59.
(2) Dupont. *Histoire de l'imprimerie*, t. II, p. 528.
(3) Ma bibliothèque.
(4) *Les imprimeurs et les journaux à Valence, Bulletin..... d'Arch. de la Drôme*, t. xxxv, p. 129.
(5) Des incidents de la vie de Marc Aurel ont été étudiés par nombre d'auteurs. Les références que j'ai données ont été réduites au strict nécessaire. Cf. Brun-Durand, *Dict.* etc., t. ii, p. 117. La biblio-

Jules Céas et fils (1861), dont les presses ont commencé à fonctionner rue de l'Université, n° 9, et dont les propriétaires successifs : MM. Jules (1861-1878), Abel (1861-1891) et Jules Céas, ont rénové l'art de Gutemberg. Transporté plus tard (1888) dans un bâtiment grandiose et l'un des mieux organisés de France, cet établissement est devenu un modèle du genre (1). La maison Céas, imprimerie artistique, à laquelle MM. Henri Ayme, directeur, et Noël Chabalet, prote, apportent leur précieux concours, s'est fait une spécialité de l'impression en couleurs. Un merveilleux *Album*, édité en 1910, nous a initiés aux *Procédés modernes d'illustration* (2).

XVI

Comme il est aisé de le supposer, les recherches pour dresser ces notes généalogiques ont été particulièrement ardues. Elles n'auraient pas pu aboutir sans l'obligeance sans bornes dont a fait preuve le personnel des bureaux de l'état-civil de Toulon et de Valence.

Je suis heureux de pouvoir témoigner publiquement ma reconnaissance à MM. Mange et Aiguier, respecti-

graphie du *Souper de Beaucaire* est considérable. A noter les articles consacrés à cet opuscule par Ph. Audebrand, dans le *Supplément du Lyon Républicain* (n° du 2 avril 1891 et s.). Contrairement à la commune renommée, la famille Aurel n'a jamais appartenu à la religion israëlite ; elle était catholique.

(1) *Revue universelle internationale illustrée*. Genève, Taponnier et Soldini, 14° année, avril 1905, n° 643, p. 315.

(2) Cf. aussi *Trichromie, Similigravure, L'imprimerie Jules Céas et Fils*. Valence, Céas, s. d. (1905), in-4° oblong, 23 p. n. n. et *Une Innovation dans l'Imprimerie*. Valence, Céas s. d. (1909), in-8° jésus oblong, 19 pages.

vement chef et sous-chef du bureau de l'état-civil, en 1912, à la mairie de Toulon, Tavolara et Vincent, commis à ce même bureau. L'expression de mes remerciements doit être adressée de même à M. Georges Dupré, chef du bureau de l'état-civil de Valence, ayant collaboré à *L'Œuvre*, revue Valentinoise (1897-1898) aujourd'hui disparue, sous le pseudonyme de Jean Lumine, et ayant été l'un des rédacteurs de *L'Entr' acte* (1), journal théâtral et littéraire dont deux numéros ont paru à Valence à la fin de l'année 1891 (octobre ou novembre), et dont la modeste collection ne figure même pas aux Archives départementales de la Drôme. Un témoignage de gratitude doit être encore décerné aux municipalités successives de Sanary, Grondona-Flotte-Gautier et Grondona-Boggiano-Gautier, sans oublier MM. Susini, secrétaire-général et Henri Flotte, ayant classé les archives.

(1) Dirigé par Louis Dumont, les collaborateurs en étaient MM. Dupré (pseudonyme Frédéric), Fernand Cluzel, Nadi (pseudonyme de Jules Pommaret) et Athénor (pseudonyme Méphisto). Cette feuille éphémère était un supplément du *Carillon*, journal illustré bien connu.

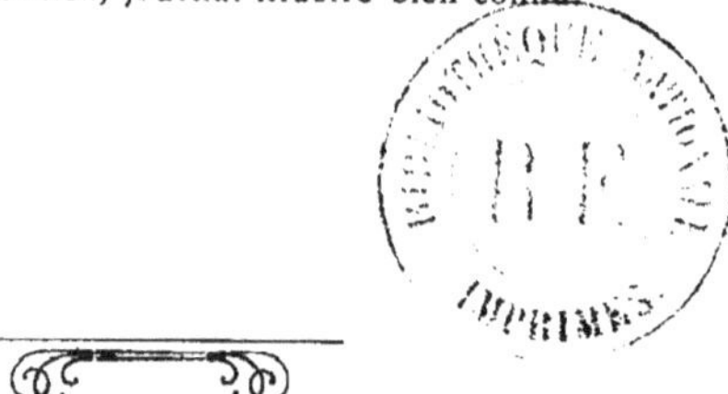